Hume | »Über den Freitod« und
»Über die Unsterblichkeit der Seele«

AF178408

[Was bedeutet das alles?]

David Hume

»Über den Freitod« und »Über die Unsterblichkeit der Seele«

Zwei Essays

Aus dem Englischen übersetzt
von Holger Hanowell

Reclam

2. Auflage

RECLAMS UNIVERSAL-BIBLIOTHEK Nr. 19471
2018 Philipp Reclam jun. GmbH & Co. KG,
Siemensstraße 32, 71254 Ditzingen
Gestaltung: Cornelia Feyll, Friedrich Forssman
Druck und Bindung: Canon Deutschland Business Services GmbH,
Siemensstraße 32, 71254 Ditzingen
Printed in Germany 2018
RECLAM, UNIVERSAL-BIBLIOTHEK und
RECLAMS UNIVERSAL-BIBLIOTHEK sind eingetragene Marken
der Philipp Reclam jun. GmbH & Co. KG, Stuttgart
ISBN 978-3-15-019471-3

Auch als E-Book erhältlich

www.reclam.de

Inhalt

Über den Freitod

Ein beträchtlicher Vorteil, den die Philosophie bietet, besteht in dem unübertrefflichen Gegengift, das sie gegen Aberglaube und falsche Religion an die Hand zu geben vermag. Sämtliche anderen Heilmittel gegen diese schädliche Krankheit sind vergeblich oder zumindest in ihrer Wirkung ungewiss. Schlichter gesunder Verstand und Lebenserfahrung, die für sich genommen den meisten Herausforderungen des Lebens genügen, erweisen sich hier als unwirksam: Die Geschichte wie auch die tägliche Erfahrung liefern Beispiele von Leuten, die, obwohl sie über die größten Fähigkeiten verfügen, Geschäftliches und andere Angelegenheiten zu regeln, ihr ganzes Leben dem schlimmsten Aberglauben erlegen sind. Selbst Heiterkeit und eine sanfte Veranlagung des Gemüts, die in jede andere Wunde Balsam träufeln würden, bieten kein Heilmittel gegen ein so tödliches Gift. Dies können wir insbesondere beim schönen Geschlecht[1] beobachten, das, obwohl es für gewöhnlich mit diesen reichen Gaben der Natur gesegnet ist, erfahren muss, dass viele seiner Freuden durch diesen hartnäckigen Eindringling zunichtegemacht werden. Hat jedoch erst einmal die gesunde Philosophie vom Verstand Besitz ergriffen, so ist der Aberglaube erfolgreich ausgeschlossen; und man kann mit Recht behaupten, dass ihr Triumph über diesen Feind nachhaltiger errungen ist als über die meisten Laster und Unvollkommenheiten, die zur menschlichen Natur gehören. Liebe oder Zorn, Ehrgeiz oder Habgier haben ihre Wurzeln in der Gemütsart und den Empfindungen, die die gesündeste Vernunft kaum je zu verbessern vermag. Aberglaube jedoch, da er sich auf falsche Annahmen gründet, muss sofort immer dann verschwinden, wenn die wahre Philosophie richtigere Ansichten über die höheren Mächte erweckt hat. Der Wettbewerb zwischen Krankheit und Arznei gestaltet sich hier ausgeglichener: Und nichts vermag Letztere daran zu hindern, sich als wirksam zu erweisen, es sei denn, sie ist trügerisch und verfälscht.

Es dürfte hier überflüssig sein, die Verdienste der Philosophie hervorzuheben, indem die verderbliche Veranlagung desjenigen Lasters dargestellt wird, von dem die Philosophie den menschlichen Geist heilt. Der abergläubische Mensch, so sagt *Cicero**², ist in jeder Lebenslage erbärmlich, in jedem Ereignis seines Lebens; selbst der Schlaf, der sämtliche anderen Sorgen der unglücklichen Sterblichen vertreibt, bietet ihm Anlass zu neuem Schrecken, sobald er seine Träume untersucht und in jenen nächtlichen Visionen Voraussagen zukünftigen Unheils entdeckt.³ Ich

* *De divinatione*, Buch II, Kap. 72 (150).

möchte hinzufügen, dass, obschon nur der Tod allein seinem Elend ein Ende setzen kann, er es nicht wagt, an diesen Zufluchtsort zu eilen, sondern ein elendigliches Dasein noch verlängert, aus der eitlen Furcht, er könne seinen Schöpfer beleidigen, indem er sich einer Macht bedient, mit der jenes wohlmeinende Wesen ihn ausgestattet hat. Die Gaben Gottes und der Natur werden uns von diesem grausamen Feind entrissen, und ungeachtet dessen, dass uns nur ein Schritt aus den Gefilden des Schmerzes und Kummers führen würde, ketten uns die Drohungen dieser Furcht an ein verhasstes Dasein, und diese Furcht selbst trägt hauptsächlich dazu bei, dieses Dasein erbärmlich werden zu lassen.

Bei denen, die von den Unglücksfällen des Lebens heimgesucht wurden und sich daher gezwungen sahen, dieses todbringende Heilmittel anzuwenden, hat man festgestellt, dass sie, falls sie durch die unpassende Fürsorge ihrer Freunde dieser Todesart beraubt wurden, die sie für sich selbst eingeplant hatten, selten eine andere Art riskieren oder ein zweites Mal so viel Entschlusskraft aufbringen, um ihr Vorhaben in die Tat umzusetzen. So groß ist unser Entsetzen vor dem Tode, dass er, wenn er sich in irgendeiner anderen Form darbietet als derjenigen, mit der der Mensch seine Vorstellungskraft zu versöhnen sucht, neuen Schrecken erhält und den schwachen

Mut des Menschen überwältigt. Kommen indes die Drohungen des Aberglaubens zu dieser natürlichen Furchtsamkeit hinzu, so kann es kaum verwundern, dass sie den Menschen all seiner Gewalt über sein Leben beraubt, denn viele Freuden und Vergnügungen, zu denen wir durch eine starke Neigung hingeführt werden, werden uns durch diesen grausamen Tyrann entrissen. Bemühen wir uns an dieser Stelle, den Menschen wieder in seine ihm angeborene Freiheit einzusetzen, indem wir sämtliche üblichen Argumente gegen den Freitod überprüfen und auf diese Weise aufzeigen, dass diese Tat womöglich frei ist von jeglicher Schuldzuweisung oder jeglichem Tadel, und dies in Übereinstimmung mit allen alten Philosophen.

Wenn der Freitod ein Verbrechen ist, dann muss er eine Pflichtverletzung sein, entweder gegenüber Gott, unserem Nächsten oder uns selbst.

Um zu beweisen, dass es sich beim Freitod um keine Pflichtverletzung gegenüber Gott handelt, mögen die folgenden Betrachtungen vielleicht ausreichen. Um die Welt der Gegenstände lenken zu können, hat der allmächtige Schöpfer allgemeine und unveränderliche Gesetze geschaffen, durch die alle Körper, vom größten Planeten bis zum kleinsten Partikel der Materie, in ihrer jeweiligen, ihnen zugedachten Sphäre und Funktion erhalten werden. Um die belebte Welt lenken zu können, hat er alle lebenden Geschöpfe mit körperlichen und geistigen Kräften ausgestattet, mit Sinnen, Affekten, Trieben, Gedächtnis und Urteilsvermögen, durch die sie in dem Lauf des Lebens, der für sie vorbestimmt ist, angetrieben und gelenkt werden. Diese beiden verschiedenen Prinzipien der materiellen und belebten Welt beeinträchtigen sich ständig gegenseitig und hemmen oder beschleunigen die Wirkungsweise des jeweils anderen. Die Kräfte des Menschen und aller anderen Lebewesen werden durch die Natur und die Eigenschaften der sie umgebenden Körper eingeschränkt und geleitet, und die Modifikationen und Bewegungen dieser Körper werden unablässig durch die Handlungsweise sämtlicher Lebewesen verändert. Der Mensch wird auf seinem Weg über die Oberfläche der Erde durch Flüsse aufgehalten, und Flüsse stellen, wenn sie entsprechend umgeleitet werden, ihre Kraft zur Verfügung, um Maschinen in Gang zu setzen, die wiederum dem Menschen zum Nutzen gereichen. Obgleich jedoch die Aufgabenbereiche der materiellen und lebendigen Kräfte nicht gänzlich voneinander getrennt sind, erfolgt daraus keine Zwietracht oder Unordnung in der Schöpfung; im Gegenteil, aus der Vermischung, Verbindung und Gegensätzlichkeit all der verschiedenen Kräfte der unbelebten Körper und der lebenden Wesen entsteht jene erstaunliche Eintracht und Verhältnismäßigkeit, welche das sicherste Argument für eine höchste Weisheit bietet.

Die Vorsehung der Gottheit erscheint nicht unmittelbar in irgendeiner Handlung, sondern sie lenkt alle Dinge durch jene allgemeinen und unveränderlichen Gesetze, welche vom Anbeginn der Zeit an festgesetzt worden sind. Sämtliche Ereignisse können in gewissem Sinne als Handlungen des Allmächtigen bezeichnet werden. Sie alle entstammen jenen Kräften, mit welchen er seine Geschöpfe ausgestattet hat. Ein Haus, welches durch sein eigenes Gewicht in sich zusammenfällt, ist nicht mehr durch seine Vorsehung zum Einsturz gebracht worden als eines, das durch Menschenhand zerstört wird; noch sind die menschlichen Fähigkeiten weniger sein Werk als die Gesetze der Bewegung und Gravitation. Wenn die Affekte freien Lauf haben, wenn das Urteilsvermögen etwas befiehlt, wenn die Gliedmaßen gehorchen, so ist das alles die Handlungsweise Gottes, und sowohl auf diesen belebten als auch auf den unbelebten Prinzipien hat er die Lenkung der Welt errichtet.

Jedes Ereignis ist gleichermaßen bedeutend in den Augen dieses unendlichen Wesens, das mit einem Blick die entferntesten Gefilde des Raumes und die entlegensten Zeiträume erfasst. Es gibt kein Ereignis, wie bedeutsam es für uns auch sein mag, das er von den allgemeinen Gesetzen, die das Universum lenken, ausgenommen oder speziell seiner eigenen unmittelbaren Handlung und Verfahrensweise vorbehalten hätte. Der Umsturz von Staaten und Reichen hängt von der kleinsten Laune oder leidenschaftlichen Regung einzelner Menschen ab, und das Leben der Menschen wird durch die kleinste Veränderung der Luft oder der Nahrung, des Sonnenscheins oder des Sturmes verkürzt oder verlängert. Die Natur behält stets ihren Lauf und ihre Wirkungsweise bei. Sollten die allgemeinen Gesetze je durch besondere Willensakte der Gottheit durchbrochen werden, so geschieht dies auf eine Weise, die sich der menschlichen Beobachtung vollends entzieht. Wie auf der einen Seite die Elemente und die anderen unbelebten Partikel der Schöpfung ohne Rücksicht auf die besonderen Interessen und Lebenslagen der Menschen einwirken, so sind die Menschen bei den unterschiedlichen Zusammenstößen von Materie auf ihr eigenes Urteilsvermögen und ihr Ermessen angewiesen und mögen jede Fertigkeit anwenden, mit der sie ausgestattet sind, um für ihr eigenes Wohlergehen, ihr Glück und ihre Arterhaltung zu sorgen.

Was ist nun die Bedeutung jenes Grundsatzes, dass ein Mensch, des Lebens überdrüssig und getrieben von Schmerz und Elend, den natürlichen Schrecken vor dem Tod tapfer überwindet und sich jenem grausamen Schauplatz entzieht; dass sich ein solcher

Mann, sage ich, den Zorn seines Schöpfers zugezogen haben soll, und zwar indem er in den Wirkungsbereich der göttlichen Vorsehung eingedrungen ist und dadurch die Ordnung im Universum durcheinandergebracht hat? Sollen wir behaupten, der Allmächtige habe sich selbst auf besondere Weise das Recht vorbehalten, über das Leben der Menschen zu verfügen, und dieses Ereignis nicht genau wie alle anderen den allgemeinen Gesetzen unterstellt, durch die das Universum gelenkt wird? Das ist offensichtlich falsch. Das Leben der Menschen hängt von denselben Gesetzen ab wie das Leben aller anderen Lebewesen, und auch diese sind den allgemeinen Gesetzen der Materie und der Bewegung unterworfen. Der Einsturz eines Turmes oder die Einflößung eines Giftes zerstört einen Menschen ebenso wie das gemeinste Geschöpf; eine Überschwemmung fegt alles das hinfort, was in die Reichweite ihres Zorns gerät, ohne einen Unterschied zu machen. Ist es unter der Voraussetzung, dass das Leben der Menschen demnach für immer von den allgemeinen Gesetzen der Materie und der Bewegung abhängig ist, deshalb verbrecherisch, wenn ein Mensch über sein Leben verfügt, weil es in jedem Fall verbrecherisch ist, in diese Gesetzmäßigkeiten einzugreifen oder deren Wirkungsweise zu stören? Das erscheint doch unsinnig. Alle Lebewesen sind in Hinblick auf ihr Verhalten in der Welt mit der eigenen klugen Umsicht und Geschicklichkeit betraut und haben die volle Autorität, soweit ihr Einfluss reicht, sämtliche Wirkungsweisen der Natur zu verändern. Ohne die Ausübung dieser Autorität könnten sie keinen Augenblick existieren. Jede Handlung, jede Bewegung eines Menschen verändert die Anordnung einiger Partikel der Materie und lenkt die allgemeinen Gesetze der Bewegung von ihrem gewöhnlichen Lauf ab. Fassen wir diese Schlussfolgerungen zusammen, so stellen wir fest, dass das menschliche Leben von den allgemeinen Gesetzen der Materie und Bewegung abhängt und dass es keinen Eingriff in den Wirkungsbereich der Vorsehung darstellt, diese allgemeinen Gesetze zu stören oder zu ändern. Hat demzufolge nicht jeder das Recht, frei über sein Leben zu verfügen? Und darf er von dieser Macht, die ihm die Natur verliehen hat, nicht rechtmäßig Gebrauch machen?

Um die Beweiskraft dieser Schlussfolgerung zu widerlegen, müsste man einen Grund aufbieten, weshalb dieser spezielle Fall eine Ausnahme darstellen sollte. Liegt es daran, dass das menschliche Leben von so großer Bedeutung ist, dass es für die menschliche Umsicht eine Anmaßung wäre, über es zu verfügen? Das Leben eines Menschen hat für das Universum jedoch keine größere Bedeutung als das einer Auster. Und selbst unter der Voraussetzung, dass es von noch so großer Bedeutung wäre, so hat die Ordnung der Natur das Leben tatsächlich doch der menschlichen Umsicht unterstellt und uns zu der Notwendigkeit veranlasst, jeden Augenblick Entscheidungen darüber zu treffen.

Wäre die Verfügung über das menschliche Leben dem Allmächtigen derart als besonderer Bereich vorbehalten, dass es einen Eingriff in sein Recht darstellte, wenn die Menschen über ihr eigenes Leben verfügen, so würde es gleichermaßen verbrecherisch sein, für den Erhalt des Lebens wie auch für die Zerstörung desselben zu handeln. Wehre ich einen Stein ab, der auf meinen Kopf fällt, so störe ich den Lauf der Natur und dringe in den besonderen Bereich des Allmächtigen ein, indem ich mein Leben verlängere, und zwar über jene Zeitspanne hinaus, die er ihm gemäß der allgemeinen Gesetze der Materie und Bewegung zugemessen hat.

Ein Haar, eine Fliege, ein Insekt ist imstande, dieses mächtige Wesen, dessen Leben von solcher Bedeutung ist, zu zerstören. Ist es absurd, wenn man davon ausgeht, die menschliche Umsicht dürfe rechtmäßig über das verfügen, was von so unbedeutenden Ursachen abhängt?

Es wäre kein Verbrechen meinerseits, den *Nil* oder die *Donau* in ihrem Lauf zu ändern, wenn ich in der Lage wäre, eine solche Absicht zu verwirklichen.

Worin besteht dann das Verbrechen, einige wenige Unzen[4] Blut aus ihrer natürlichen Bahn abzulenken?

Geht ihr davon aus, dass ich über die Vorsehung klage oder meine Erschaffung verwünsche, weil ich aus dem Leben scheide und einem Dasein ein Ende setze, das mich elend machen würde, wenn es andauerte? Auf keinen Fall! Ich bin bloß von einer Tatsache überzeugt, die ihr selbst als mögliche akzeptiert, nämlich dass das menschliche Leben unglücklich sein kann und dass mein Dasein, würde es weiter verlängert, nicht wünschenswert sein würde. Ich aber danke der Vorsehung sowohl für das Gute, das ich bereits genossen habe, als auch für die Macht, mit der ich ausgestattet bin, dem Übel zu entfliehen, das mich bedroht.*[5] Es ist an euch, über die Vorsehung zu klagen, ihr, die ihr euch törichterweise einbildet, eine solche Macht nicht zu besitzen, und die ihr ein verhasstes Leben fortführen müsst, obwohl es mit Schmerz und Krankheit, mit Schande und Armut beladen ist.

Lehrt ihr nicht, dass ich mich, sofern mich ein Übel befällt – und sei es durch die Böswilligkeit meiner Feinde –, mit der Vorsehung abfinden müsse und dass die Handlungen der Menschen ebenso Wirkungs-

---

* »Agamus Deo gratias, quod nemo in vita teneri potest«; Seneca, *Epistulae morales*, Brief 12.

weisen des Allmächtigen sind wie die Handlungen unbelebter Wesen? Stürze ich mich also in mein eigenes Schwert, so empfange ich meinen Tod ebenso aus den Händen der Gottheit, als wenn der Tod von einem Löwen, einem Abgrund oder einem Fieber herrührte.

Die Unterwerfung unter die Vorsehung, die ihr bei jedem Unheil, das mich befällt, einfordert, schließt menschliche Geschicklichkeit und menschlichen Eifer nicht aus, wenn ich dadurch womöglich das Unheil vermeiden oder ihm entkommen kann. Und warum sollte ich nicht das eine Heilmittel so gut wie das andere verwenden?

Würde mein Leben nicht mir gehören, so wäre es genauso verbrecherisch von mir, es in Gefahr zu bringen, als über mein Leben zu verfügen: und niemand, den Ruhmsucht oder Freundschaft in die größten Gefahren treibt, könnte die Bezeichnung *Held* verdienen, ebenso wenig wie ein anderer, der seinem Leben aus denselben oder ähnlichen Beweggründen ein Ende setzt, den Vorwurf verdient, ein *Schurke* oder *Bösewicht* zu sein.

Es gibt kein Wesen, das irgendeine Macht oder Fähigkeit besäße, die es nicht von seinem Schöpfer empfangen hätte, noch gibt es eines, das durch eine noch so regelwidrige Handlung in den Plan seiner Vorsehung eingreifen oder das Universum in Unordnung bringen könnte. Die Wirkungsweisen der Vorsehung sind ebenso sein Werk wie die Kette von Ereignissen, in die die Vorsehung eindringt; und welches Prinzip auch immer überwiegt, so dürfen wir aus diesem Grund daraus schließen, dass es von ihm am meisten begünstigt wird. Sei es belebt oder unbelebt, vernunftbegabt oder vernunftlos, es bleibt dabei: Seine Macht ist immer noch von dem höchsten Schöpfer abgeleitet und gleichermaßen in der Ordnung seiner Vorsehung mit eingeschlossen. Sollte die Angst vor Schmerz über die Liebe zum Leben triumphieren, sollte eine absichtliche Handlung die Wirkungen blinder Ursachen vorwegnehmen, so geschieht dies einzig und allein als Folge von jenen Kräften und Prinzipien, die er seinen Geschöpfen eingepflanzt hat. Die göttliche Vorsehung bleibt immer noch unverletzt und liegt weit außerhalb der Reichweite menschlicher schädigender Eingriffe.

Es ist gottlos, so meint der alte *römische* Aberglaube*, Ströme von ihrem Lauf abzulenken und in die Vorrechte der Natur einzugreifen.[6] Es ist gottlos, besagt der *französische* Aberglaube, sich gegen die Pocken impfen zu lassen oder sich das widerrechtlich anzueignen, was Teil der Vorsehung ist, indem man absichtlich Beschwerden und Krankheiten herbei-

---

* Tacitus, *Annales*, Buch I, Kap. 79.

führt. Es ist gottlos, besagt der moderne *europäische* Aberglaube, dem eigenen Leben ein Ende zu setzen und sich dadurch gegen den Schöpfer aufzulehnen. Und warum, frage ich, ist es nicht gottlos, Häuser zu bauen, den Boden zu bestellen oder den Ozean zu befahren? Bei all diesen Handlungen verwenden wir unsere geistigen und körperlichen Kräfte, um eine Veränderung im Lauf der Natur hervorzubringen; und bei keiner anderen Handlung tun wir etwas anderes. Daher sind sie alle gleichermaßen unschuldig oder gleichermaßen verbrecherisch.

Aber du bist durch die Vorsehung wie ein Wächter für einen besonderen Posten bestimmt worden, und wenn du diesen Posten verlässt, ohne abberufen zu werden, dann hast du dich der Auflehnung gegen deinen allmächtigen Herrn schuldig gemacht und hast dir sein Missfallen zugezogen. Ich frage: Woraus folgert ihr, dass die Vorsehung mich für diesen Posten bestimmt hat? Was mich betrifft, so finde ich, dass ich meine Geburt einer langen Kette von Ursachen verdanke, von denen viele und sogar die hauptsächlichen von den willkürlichen Handlungen der Menschen abhingen. *Die Vorsehung lenkte jedoch alle diese Ursachen, und nichts geschieht im Universum ohne ihre Zustimmung und Mitwirkung.* Wenn dem so ist, so tritt auch mein Tod, wie absichtlich auch immer, nicht ohne ihre Zustimmung ein; und wann immer Schmerz und Kummer meine Geduld so sehr überwältigen, dass ich des Lebens müde werde, so darf ich schlussfolgern, dass ich in den klarsten und ausdrücklichsten Worten von meinem Posten abberufen werde.

Es ist sicherlich die Vorsehung, die mich in diesem Augenblick in dieses Zimmer gebracht hat. Darf ich es jedoch nicht verlassen, wenn ich es für richtig erachte, ohne dem Vorwurf zu unterliegen, dass ich meinen Platz oder Posten verlassen hätte? Wenn ich tot sein werde, werden die Grundbestandteile, aus denen ich zusammengesetzt bin, nach wie vor ihre Rolle im Universum spielen und in dem grandiosen Gefüge gleichermaßen von Nutzen sein wie damals, als sie dieses individuelle Geschöpf zusammensetzten. Der Unterschied wird für das Ganze nicht größer sein als der zwischen meinem Aufenthalt im Zimmer und im Freien. Die eine Veränderung ist für mich von erheblicherer Bedeutung als die andere, für das Universum aber nicht.

Es ist eine Art von Gotteslästerung sich einzubilden, irgendein erschaffenes Wesen könne die Ordnung der Welt stören oder in den Wirkungsbereich der Vorsehung eindringen. Das würde voraussetzen, dass dieses Wesen Kräfte und Fähigkeiten besäße, die es nicht von seinem Schöpfer erhalten hat und die nicht dessen Herrschaft und Autorität unterworfen sind. Ein Mensch mag ohne Zweifel die Gesellschaft beeinträchtigen und dadurch das Missfallen des Allmächtigen auf sich ziehen. Doch liegt die Lenkung der Welt weit außerhalb seiner Reichweite und seiner Macht. Und wie erklärt es sich, dass der Allmächtige mit jenen Handlungen unzufrieden ist, die die Gesellschaft beeinträchtigen? Dies erklärt sich durch die Grundsätze, die er der menschlichen Natur eingepflanzt hat und die uns mit einem Gefühl der Reue, wenn wir uns selbst solcher Handlungen schuldig gemacht haben, und mit einem Gefühl des Tadels und der Missbilligung erfüllen, wenn wir sie bei anderen beobachten. Untersuchen wir nun gemäß der vorgeschlagenen Methode, inwieweit der Freitod zu dieser Art von Handlungen gehört und eine Verletzung unserer Pflicht gegenüber unserem *Nächsten* und der Gesellschaft darstellt.

Ein Mensch, der sich aus dem Leben verabschiedet, fügt der Gesellschaft keinen Schaden zu. Er hört bloß auf, Gutes zu tun, was, insofern dies ein Unrecht ist, lediglich ein geringes darstellt.

Alle unsere Verpflichtungen, der Gesellschaft Gutes zu tun, scheinen eine Art von Gegenseitigkeit zu implizieren. Ich erhalte Wohltaten von der Gesellschaft, und dafür müsste ich eigentlich ihre Interessen fördern. Ziehe ich mich aber vollends aus der Gesellschaft zurück, kann ich dann noch länger dazu verpflichtet werden?

Gesetzt den Fall, unsere Verpflichtung Gutes zu tun besteht dauerhaft, so hätte sie gewiss ihre Grenzen. Ich bin nicht dazu verpflichtet, der Gesellschaft ein vergleichsweise geringfügiges Gutes auf Kosten eines großen Schadens, den ich mir dadurch selbst zufüge, zu tun. Weshalb sollte ich dann ein elendes Dasein verlängern, nur weil es einen belanglosen Vorteil gibt, den die Gesellschaft womöglich von mir erhält? Wenn ich des Alters und der Gebrechen wegen rechtmäßig jedes Amt niederlegen und meine Zeit darauf verwenden darf, mich gegen diese Widrigkeiten zu wappnen und mir das Elend meines künftigen Lebens so weit wie möglich zu erleichtern: Warum darf ich dieses Elend dann nicht auch sogleich mit einer Handlung beenden, die für die Gesellschaft nicht schädlicher ist?

Doch nehmen wir an, es stehe nicht länger in meiner Macht, das Interesse der Gesellschaft zu fördern, ich bin eine Last für sie, mein Leben hindert eine andere Person daran, viel nützlicher für die Gesellschaft zu sein: In solchen Fällen muss mein Abschied vom Leben nicht bloß schuldlos, sondern lobenswert sein. Und die meisten Menschen, die in die Versuchung geraten, ihr Dasein aufzugeben, befinden sich in einer solchen Lage. Diejenigen, die sich Gesundheit und Kraft erfreuen oder Autorität genießen, haben für gewöhnlich einen besseren Grund dafür, mit der Welt in Einklang zu sein.

Jemand ist an einer Verschwörung beteiligt, die das öffentliche Wohl betrifft, wird auf Verdacht ergriffen und mit Folter bedroht; er weiß aus seiner eigenen Schwachheit, dass man ihm das Geheimnis abpressen wird: Könnte ein solcher Mensch dem öffentlichen Wohl besser dienen als dadurch, dass er einem erbärmlichen Leben ein rasches Ende setzt? Dies war der Fall bei dem berühmten und tapferen *Strozzi* von *Florenz*.[7]

Oder gesetzt den Fall, ein Übeltäter wird zu Recht zu einem schmachvollen Tod verurteilt: Kann man irgendeinen Grund dafür ersinnen, weshalb er seiner Bestrafung nicht zuvorkommen und sich all das qualvolle Grübeln über ihr grässliches Nahen ersparen sollte? Er greift in den Wirkungsbereich der Vorsehung nicht mehr ein als der Magistrat, der seine Hinrichtung befahl, und sein freiwilliger Tod ist der Gesellschaft gleichermaßen von Vorteil, indem man sie von einem für sie schädlichen Mitglied befreit.

Dass der Freitod oft mit dem Interesse und mit der Pflicht *uns selbst* gegenüber vereinbar ist, kann niemand in Frage stellen, der einräumt, dass Alter, Krankheit oder Unglück das Leben zu einer Last werden lassen und es dadurch deutlich schlimmer als seine Auslöschung machen. Ich glaube, dass niemand je sein Leben weggeworfen hat, solange es noch erhaltenswert war. Denn unsere natürliche Furcht vor dem Tode ist so groß, dass kleine Beweggründe niemals imstande sein werden, uns mit ihm auszusöhnen. Und auch wenn womöglich der Gesundheitszustand von jemandem oder die Umstände seines Glücks dieses Heilmittel nicht zu erfordern scheinen, so dürfen wir wenigstens gewiss sein, dass derjenige, der ohne augenscheinlichen Grund darauf zurückgriff, mit einer derart unheilbaren Verderbtheit oder Düsterheit des Temperaments gestraft war, dass dieselbe alle Freuden vergiftete und ihn ebenso elend machte, als wäre er mit dem schwersten Missgeschick beladen gewesen.

Gesetzt den Fall, dass der Freitod ein Verbrechen ist, so ist es Feigheit allein, die uns dazu treibt. Gesetzt den Fall, dass er kein Verbrechen ist, sollten uns sowohl Umsicht als auch Tapferkeit dazu verpflichten, uns sogleich von unserem Dasein zu befreien, wenn es eine Last wird. Das ist dann der einzige Weg, der Gesellschaft nützlich sein zu können, und zwar indem wir ein Beispiel setzen, das, sofern es nachgeahmt wird, jedem die Gelegenheit einräumen würde, sein Glück im Leben zu finden, und ihn wirksam von jeder Gefahr und allem Elend befreien würde.*

* Es wäre leicht zu beweisen, dass der Freitod für die *christliche* Ordnung ebenso rechtmäßig ist wie für die Heiden. Es gibt keine einzige Textstelle, die ihn verbietet. Diese große und unfehlbare Regel des Glaubens und

der Lebenserfahrung, die die gesamte Philosophie und das menschliche Denken kontrollieren muss, hat uns in diesem besonderen Fall unserer natürlichen Freiheit überlassen. Dass wir uns der Vorsehung ergeben sollen, wird tatsächlich in der Schrift empfohlen, aber das umfasst allein die Unterwerfung unter diejenigen Übel, die unvermeidlich sind, nicht aber unter solche, die durch Klugheit oder Tapferkeit behoben werden können. *Du sollst nicht töten* soll offenbar bedeuten, nur das Töten anderer auszuschließen, über deren Leben uns keine Verfügungsgewalt zusteht. Dass dieses Gebot, wie die meisten Gebote der Schrift, durch Vernunft und gesunden Menschenverstand abgewandelt werden muss, geht aus den Verfahrensweisen der Richter klar hervor, die Verbrecher mit dem Tode bestrafen, ungeachtet des Wortlauts dieses Gebots. Aber spräche sich dieses Gebot auch noch so ausdrücklich gegen den Freitod aus, so würde es jetzt keine Geltung haben. Denn das ganze Gesetz *Moses* ist abgeschafft, soweit es nicht durch das Naturrecht aufrechterhalten wird, und wir haben bereits zu beweisen versucht, dass der Freitod durch dieses Gesetz nicht verboten wird. In allen Fällen beziehen sich *Christen* und *Heiden* genau auf dieselbe Grundlage. Und wenn *Cato* [Marcus Porcius Cato, auch »Cato Minor« oder »Cato Uticensis« genannt, 95–46 v. Chr.; richtete sich gegen Cäsar, flüchtete nach dem Sieg Caesars über Pompeius nach Nordafrika und brachte sich dort nach der verlorenen Schlacht bei Thapsus um, um auf diese Weise der Gefangennahme zu entgehen] und *Brutus* [Marcus Iunius Brutus Caepio, 85–42 v. Chr.; römischer Politiker und einer der Mörder Gaius Iulius Caesars;

seine Armee wurde in der zweiten Schlacht bei Philippi geschlagen. Er konnte zwar entkommen, stürzte sich dann aber in sein Schwert, das von zwei seiner Männer gehalten wurde], *Arria* [† 42 n. Chr.; verheiratet mit dem Konsul Aulus Caecina Paetus, der an einem Aufstand gegen Kaiser Claudius beteiligt war. Nachdem dieser Aufstand gescheitert war, sollte der Konsul nach Rom transportiert werden. Seine Frau versuchte ihm in einem gemieteten Fischerboot zu folgen. Als ihr Mann zögerte, sich mit einem Dolch umzubringen, stieß sie ihn sich in die Brust und gab ihn mit den Worten »Paete, non dolet« (»Paetus, es tut nicht weh.«) an ihren Mann zurück, der sich daraufhin auch umbrachte] und *Portia* [Porcia, vor 67 – 42 v. Chr.; nach Plutarch brachte sich die Ehefrau des Caesarmörders Brutus durch das Schlucken glühender Kohlen um] heldenmütig handelten, sollte denjenigen, die heute ihrem Beispiel folgen, von der Nachwelt dasselbe Lob zuteilwerden. Die Macht, den Freitod zu wählen, wird von *Plinius* [Gaius Plinius Secundus Maior, auch Plinius der Ältere; 23/24–79 n. Chr.; römischer Gelehrter und Historiker] als Vorteil betrachtet, den der Mensch sogar der Gottheit voraushat. *Deus non sibi potest mortem consciscere si velit, quod homini dedit optimum in tantis vitae poenis. Naturalis historia*, Buch II, Kap. 5 [»So kann er (Gott) sich nicht selbst den Tod geben, wenn er will: das beste Geschenk, das er dem Menschen in den Mühen und Plagen seines Lebens gemacht hat.« (Zit. nach Plinius der Ältere, *Naturalis historia / Naturgeschichte*, lat./dt., ausgew., übers. und hrsg. von Marion Giebel, Stuttgart 2005, 2. Buch, S. 33.)].

Über die Unsterblichkeit der Seele

Ausschließlich aufgrund des Lichts der Vernunft scheint es schwierig zu sein, die Unsterblichkeit der Seele zu beweisen. Die Argumente dafür werden gemeinhin entweder von *metaphysischen* oder von *moralischen* oder von *physischen* Begriffsfeldern abgeleitet. In Wirklichkeit aber ist es das Evangelium, und nur das Evangelium, das das Leben und die Unsterblichkeit ans Licht gebracht hat.

I. Metaphysische Begriffe gründen sich auf die Annahme, dass die Seele immateriell und dass es unmöglich ist, dass das Denken Teil einer materiellen Substanz[8] ist.

Aber gerade die Metaphysik[9] lehrt uns, dass die Vorstellung von der Substanz gänzlich verworren und unvollkommen ist und dass wir keine andere Vorstellung von irgendeiner Substanz haben als die einer Anhäufung einzelner Qualitäten, die einem Unbekannten innewohnen. Deshalb sind die Materie und der Geist im Grunde gleichermaßen unbekannt, und wir können nicht bestimmen, welche Qualitäten dem einen oder dem anderen innewohnen.

Sie lehrt uns auch, dass nichts bezüglich Ursache und Wirkung *a priori*[10] entschieden werden kann; und sie lehrt uns ebenfalls, dass wir, da die Erfahrung die einzige Quelle unserer Urteile dieser Art ist, auch von keinem anderen Prinzip her wissen können, ob die Materie durch ihre Struktur und innere Anordnung nicht vielleicht die Ursache des Denkens ist. Abstrakte Denkvorgänge können keine Frage über Tatsachen oder Existenz entscheiden.

Doch räumen wir einmal versuchsweise ein, dass eine geistige Substanz im ganzen Universum verteilt ist, etwa wie das ätherische Feuer der *Stoiker*, und dass diese Substanz als einziges Element dem Denken zugrunde liegt, dann können wir aus Gründen der *Analogie* schließen, dass die Natur sie in derselben Weise benutzt wie die andere Substanz, nämlich die Materie. Sie benutzt sie als eine Art Teig oder Lehm, formt sie in eine Vielzahl von Gestalten und Existenzen, löst nach einer gewissen Zeit jede Modifikation wieder auf und bildet aus der Substanz wieder eine neue Form. Ähnlich wie dieselbe materielle Substanz nach und nach den Körper aller Tiere bilden kann, so kann dieselbe geistige Substanz ihre Seele bilden. Ihr Bewusstsein oder das Gedankensystem, das während ihres Lebens gebildet wurde, mag immer wieder durch den Tod aufgelöst werden und interessiert sie in der neuen Modifikation nicht mehr. Diejenigen, die am entschiedensten die Sterblichkeit der Seele behaupten, haben jedoch nie die Unsterblichkeit ihrer Substanz geleugnet. Und dass eine immaterielle Substanz genau wie eine materielle ihr Gedächtnis oder ihr Bewusstsein verlieren kann, ergibt sich teilweise aus der Erfahrung, sollte die Seele denn immateriell sein.

Zieht man Vernunftschlüsse entsprechend dem normalen natürlichen Verlauf der Dinge und nimmt man dabei nicht ein *neues* Eingreifen des höchsten Verursachers an, was in der Philosophie immer ausgeschlossen werden sollte, so kann das, was unvergänglich ist, auch nicht geschaffen werden. Wenn die Seele unsterblich ist, dann hat sie auch vor unserer Geburt existiert. Und wenn die frühere Existenzform uns in keiner Weise betrifft, so gilt das auch für die spätere Existenzform.

Zweifellos fühlen, denken, lieben, hassen, wollen Tiere und schlussfolgern sogar wie der Mensch, jedoch in einer unvollkommeneren Weise. Sind ihre Seelen dann auch immateriell und unsterblich?

II. Betrachten wir nun die *moralischen* Argumente, insbesondere die, welche aus der Gerechtigkeit Gottes abgeleitet werden. Von dieser nimmt man an, dass sie an der künftigen Bestrafung der Lasterhaften und der Belohnung der Tugendhaften Interesse bekundet.

Diese Argumente aber gründen sich auf die Annahme, dass Gott Eigenschaften hat, die über das hinausgehen, was er in diesem Universum verwirklicht hat und mit denen wir allein vertraut sind. Woraus schließen wir auf die Existenz dieser Eigenschaften?

Mit Sicherheit dürfen wir behaupten, dass das, von dem wir wissen, dass es die Gottheit tatsächlich getan hat, das Beste darstellt. Es ist jedoch sehr gefährlich zu behaupten, dass Gott immer das tun muss, was uns als das Beste erscheint. In wie vielen Fällen würde dieser Ansatz angesichts der gegenwärtigen Welt versagen?

Wird jedoch nur irgendeine Zweckbestimmung der Natur deutlich, dann dürfen wir behaupten, dass, soweit wir es mit der natürlichen Vernunft beurteilen können, der gesamte Geltungsbereich und die Absicht der Erschaffung des Menschen auf dieses gegenwärtige Leben beschränkt sind. Mit welch schwacher Beteiligung sieht der Mensch angesichts der seinem Wesen innewohnenden Struktur des Geistes und der Affekte jemals über dieses Wesen hinaus? Welcher Vergleich existiert sowohl im Hinblick auf Beständigkeit als auch auf Wirksamkeit zwischen einer so flüchtigen Idee und der zweifelhaftesten Überzeugung von irgendeiner Tatsächlichkeit, die uns im Leben begegnet?

Bei einigen Gemütern kommen in der Tat unerklärliche Ängste in Bezug auf die Zukunft auf; diese würden jedoch rasch verschwinden, würden sie nicht durch Vorschriften und durch Erziehung gefördert. Und was sind die Beweggründe derer, die sie fördern? Sie wollen nur ihren Lebensunterhalt damit sicherstellen und Macht und Reichtum in dieser Welt erlangen. Gerade ihr eigener Eifer und ihre Betriebsamkeit sind deshalb ein Argument gegen diese Leute.

Welche Grausamkeit, welche Ungeheuerlichkeit, welche Ungerechtigkeit der Natur, unser ganzes Interesse und unser ganzes Wissen so auf das gegenwärtige Leben zu beschränken, wenn uns doch noch ein anderer Bereich von unendlich größerer Tragweite erwartet? Sollte dieser barbarische Betrug tatsächlich einem guten und weisen Wesen zugeschrieben werden können?

Man beachte, mit welch genauer Verhältnismäßigkeit die auszuführende Aufgabe und die ausführenden Kräfte überall in der Natur einander angepasst sind. Räumt die Vernunft des Menschen ihm eine übergeordnete Stellung über die anderen Lebewesen ein, so sind seine Bedürfnisse auch im entsprechenden Verhältnis vermehrt. Seine gesamte Zeit, seine ganze Fähigkeit, seine Tätigkeit, sein Mut und seine Leidenschaftlichkeit finden hinreichende Verwendung bei der Abwehr von Trübsal von seinem gegenwärtigen Zustand. Und häufig, ja fast immer, erweisen sich diese Eigenschaften für die ihnen zugewiesenen Aufgaben als zu schwach.

Ein Paar Schuhe ist vielleicht noch nie zur höchsten Perfektion gebracht worden, die dieses Erzeugnis durchaus erreichen könnte. Dennoch ist es notwendig, zumindest sehr nützlich, dass es wenigstens einige Staatsmänner und Sittenlehrer, sogar einige Geometer[II], Historiker, Dichter und Philosophen unter den Menschen gibt.

Die Kräfte des Menschen sind, wenn sie nur in diesem Leben betrachtet werden, im Verhältnis zu ihren Bedürfnissen genauso wenig überlegen wie die der Füchse und Hasen im Verhältnis zu *ihren* Bedürfnissen und zu *ihrer* Lebenszeit. Die Schlussfolgerung aus der Argumentation mit Vernunftgründen ist daher offensichtlich.

Was die Theorie der Sterblichkeit der Seele betrifft, so lässt sich die Unterlegenheit der weiblichen Fähigkeiten leicht erklären: Ihr häusliches Leben erfordert keine höheren geistigen oder körperlichen Fähigkeiten. Dieser Umstand entfällt und wird gänzlich unbedeutend im Hinblick auf die Theorie des Religiösen: Das eine Geschlecht hat eine Aufgabe zu erfüllen, die der des anderen Geschlechts gleicht. Ihre geistigen Kräfte und ihre Entschlusskraft sollten also auch gleich sein, und zwar beides unendlich viel stärker als jetzt.

Da jede Wirkung eine Ursache voraussetzt und diese wieder eine andere, bis wir die erste Ursache von allem erreichen, welche die *Gottheit* ist, so wird alles, was geschieht, von Gott bestimmt und nichts kann das Objekt seiner Strafe oder seiner Rache sein.

Nach welcher Regel werden Strafen und Belohnungen zugemessen? Wie sieht der göttliche Maßstab von Verdienst und Schuldhaftigkeit aus? Sollen wir annehmen, menschliche Gefühle hätten in der Gottheit ihren Platz? Wie kühn diese Hypothese auch sein mag, so haben wir doch keine Vorstellung von anderen Gefühlen.

Nach menschlichem Gefühl gehören Verstand, Mut, gute Sitten, Fleiß, Klugheit, Genie etc. wesentlich zum persönlichen Verdienst. Sollen wir deshalb ein Elysium[12] für Dichter und Helden wie jenes in der antiken Mythologie errichten? Warum sollen wir alle Belohnungen auf eine einzige tugendhafte Gruppe einschränken?

Strafe ohne angemessenen Zweck verträgt sich nicht mit *unseren* Vorstellungen von Güte und Gerechtigkeit, und kein Zweck kann erreicht werden, wenn alles zu Ende ist.

Entsprechend *unseren* Vorstellungen sollte Strafe in einem gewissen Verhältnis zum Vergehen stehen. Warum dann ewige Strafe für die zeitlichen Vergehen eines so gebrechlichen Geschöpfes, wie der Mensch es ist? Kann irgendjemand die Wut *Alexanders* billigen, der eine ganze Nation ausrotten wollte, weil diese sein Lieblingspferd *Bukephalos* weggenommen hatte?*[13]

Himmel und Hölle gehen von zwei deutlich voneinander unterschiedenen Gruppen von Menschen aus, nämlich von den guten und den bösen. Der größte Teil der Menschheit jedoch treibt zwischen Laster und Tugend hin und her.

Ginge man in der Welt umher mit der Absicht, den Gerechten eine gute Mahlzeit zu geben und den Lasterhaften eine anständige Tracht Prügel, so käme man bei der Auswahl oft in Verlegenheit, weil man feststellen müsste, dass das eine oder das andere kaum im richtigen Verhältnis zum Verdienst oder zur Schuld der meisten Männer und Frauen steht.

Es bringt nur alles durcheinander, Maßstäbe für die Billigung und für den Tadel vorauszusetzen, die sich von den menschlichen Maßstäben unterscheiden. Woher erfahren wir, wenn nicht von unseren eigenen Gefühlen, dass es so etwas wie moralische Unterscheidungen überhaupt gibt?

Welcher Mensch, der nicht durch persönliche Provokation betroffen wurde (oder auch welcher gutherzige Mensch, der durch sie doch betroffen wurde), könnte allein aus dem Gefühl einer Schuldzuweisung

* Quintus Curtius Rufus, *Historiae Alexandri Magni Macedonis*, Buch VI, Kap. 5.

heraus selbst die üblichen legalen milden Strafen für Verbrechen auferlegen? Und macht irgendetwas anderes die Brust von Richtern und Geschworenen unempfindlich gegen Gefühle der Menschlichkeit als Überlegungen der Notwendigkeit und des öffentlichen Interesses?

Nach römischem Recht wurden diejenigen, die des Vatermordes schuldig waren und ihr Verbrechen gestanden, zusammen mit einem Affen, einem Hund und einer Schlange in einen Sack gesteckt und in den Fluss geworfen. Ein einfacher Tod war die Strafe derer, die ihre Schuld, sosehr sie auch erwiesen war, leugneten. Ein Übeltäter wurde vor *Augustus* gebracht, in allen Punkten überführt und verurteilt. Aber der humane Herrscher gab dem letzten Verhör eine solche Wendung, dass er den Elenden dazu brachte, seine Schuld zu leugnen. *Du hast doch sicher nicht*, sprach der Fürst, *deinen Vater getötet.*[*][14] Diese Milde selbst dem größten aller Verbrecher gegenüber kommt unseren natürlichen Vorstellungen von RECHT entgegen, obwohl sie selbst ein so geringfügiges Leiden verhindert. Ja, selbst der fanatischste Priester würde dies ohne Überlegung und dem natürlichen Gefühl folgend billigen, gesetzt den Fall, dass das Vergehen keine Häresie oder Ungläubigkeit darstellte. Denn da diese Verge-

* Sueton, *Divus Augustus*, Kap. 33.

hen ihm in seinen *zeitlichen* Interessen und in seinem Vorteil schaden, dürfte er ihnen gegenüber wohl nicht so gänzlich nachsichtig sein.

Die Hauptquelle für moralische Ideen liegt im Abwägen der Interessen der menschlichen Gesellschaft. Sollten diese Interessen, die so kurzlebig und so unbedeutend sind, tatsächlich durch ewige, unendliche Strafen gezügelt werden? Die Verdammnis eines einzigen Menschen ist ein unendlich größeres Übel in der Welt als der Sturz von tausend Millionen Königreichen.

Die Natur hat die Kindheit des Menschen besonders schwach und anfällig für den Tod gemacht, als verfolge sie den Zweck, die Idee eines Probezustands zu widerlegen. Die Hälfte der Menschen stirbt, ehe sie vernünftig denkende Geschöpfe sind.

III. Die *physischen* Argumente aus der Analogie der Natur sprechen stark für die Sterblichkeit der Seele; und dies sind in Wirklichkeit die einzigen philosophischen Argumente, die bezüglich dieser Frage oder eben auch bezüglich jeder Tatsachenfrage zugelassen werden sollten.

Gesetzt den Fall, dass zwei Objekte so eng miteinander verknüpft sind, dass alle Veränderungen, die wir jemals bei dem einen festgestellt haben, mit entsprechenden Veränderungen in dem anderen vorkommen, dann sollten wir nach allen Regeln der Analogie aus dieser Tatsache schließen, dass, wenn in dem ersteren weitere größere Veränderungen vorgenommen werden und dieses gänzlich aufgelöst wird, auch in dem letzteren eine gänzliche Auflösung folgt.

Der Schlaf, der eine vergleichsweise kleine Auswirkung auf den Körper hat, wird von einer zeitweiligen Auslöschung, zumindest von einer großen Verwirrung der Seele begleitet.

Die Schwachheit des Körpers und des Geistes im Kindesalter stehen genau im richtigen Verhältnis zueinander; so auch ihre Kraft im Mannesalter; ihre sympathetische[15] Störung bei Krankheit; ihr gemeinsamer allmählicher Verfall im Alter. Der folgende Schritt scheint unvermeidlich: ihre gemeinsame Auflösung im Tode.

Die letzten Symptome, die der Geist erfährt, sind Unordnung, Schwäche, Unempfänglichkeit für Gefühle, Stumpfsinn, alles Vorläufer seiner Vernichtung. Das weitere Fortschreiten derselben Ursachen, die die genannten Wirkungen verstärken, löscht ihn ganz aus.

Der gewöhnlichen Analogie der Natur nach zu urteilen, kann keine Form erhalten bleiben, wenn sie in einen Lebenszustand verpflanzt wird, der sich von dem Zustand, in den sie ursprünglich versetzt worden war, deutlich unterscheidet. Bäume gehen im

Wasser zugrunde, Fische an der Luft, Tiere in der Erde. Selbst ein so geringer Unterschied wie der des jeweiligen Klimas ist oft tödlich. Welcher Grund besteht also für die Annahme, dass eine ungeheuer große Veränderung, die die Seele durch die Auflösung des Körpers und all seiner Organe des Denkens und Fühlens erfährt, ohne die Auflösung des Ganzen bewirkt werden kann?

Alles zwischen Seele und Körper ist diesen gemeinsam. Die Organe des einen sind insgesamt auch Organe des anderen. Die Existenz des einen muss daher von der Existenz des anderen abhängen.

Die Seele der Tiere ist, wie wir einräumen müssen, sterblich. Und sie ist der Seele des Menschen so ähnlich, dass die Analogie zwischen ihnen ein sehr starkes Argument ist. Ihr Körper ist dem des Menschen nicht so ähnlich; dennoch verwirft niemand die Argumente, die sich aus der vergleichenden Anatomie herleiten lassen. Die *Metempsychose*[16] ist daher das einzige System dieser Art, auf das die Philosophie zurückgreifen kann.

Nichts in dieser Welt währt unendlich. Jedes Wesen, wie beständig es auch zu sein scheint, befindet sich in ständigem Fluss und unterliegt ständiger Veränderung. Die Welt selbst zeigt Symptome von Gebrechlichkeit und Auflösung: Wie sehr widerspricht es daher der Analogie, anzunehmen, dass eine einzige Form, die anscheinend die schwächste von allen und eine ist, die durch geringste Ursachen die größte Unordnung erfährt, unsterblich und unauflöslich ist? Was ist das für eine waghalsige Theorie! Wie unbekümmert, um nicht zu sagen, wie unbedacht ist sie aufgestellt worden!

Auch die Frage, wie mit der unendlichen Anzahl postumer Existenzen verfahren werden kann, muss die Theorie der Religion in Verlegenheit bringen. Für jeden Planeten in jedem Sonnensystem steht es uns frei, uns vorzustellen, dass er mit intelligenten sterblichen Wesen bevölkert ist; zumindest können wir uns nicht auf eine andere Annahme festlegen. Für diese Wesen müsste daher in jeder Generation ein neues Universum geschaffen werden, das jenseits der Grenzen des jetzigen Universums liegt, oder es müsste gleich zu Beginn eines geschaffen worden sein, das so gewaltig groß ist, dass es diesen beständigen Zustrom von Wesen aufnehmen könnte. Sollten solche kühnen Annahmen überhaupt von irgendeiner Philosophie aufgestellt werden, und das sogar nur unter der Vorspiegelung der bloßen Möglichkeit?

Wenn man fragt, ob *Agamemnon*[17], *Thersites*[18], *Hannibal*[19], *Nero*[20] und jeder dumme Bauerntölpel, der jemals in *Italien*, *Skythien*, *Baktrien* oder *Guinea*[21] existiert hat, jetzt noch lebt: Kann dann tatsächlich irgendjemand glauben, dass eine gründliche Untersuchung der Natur Argumente liefern könnte, die beweiskräftig genug wären, um eine so seltsame Frage mit »Ja!« zu beantworten? Der Mangel an Argumenten – wenn nicht Offenbarung[22] dabei ist – bildet eine hinreichende Voraussetzung für die Verneinung dieser Frage.

Quanto facilius, sagt Plinius*, *certiusque sibi quemque credere, ac specimen securitatis antigenitali sumere experimento.*[23] Unsere Empfindungslosigkeit, bevor der Körper geformt wurde, erscheint der natürlichen Vernunft als Beweis für den gleichen Zustand nach seiner Auflösung.

Wäre unsere Angst vor der Vernichtung ein ursprüngliches Gefühl und nicht die Wirkung unseres generellen Strebens nach Glückseligkeit, würde dies eher die Sterblichkeit der Seele beweisen. Denn da die Natur nichts vergeblich tut, würde sie uns nie die Angst vor einem unmöglichen Ereignis einflößen. Sie mag uns Angst vor einem unvermeidlichen Ereignis empfinden lassen, vorausgesetzt, dass unsere Bemühungen das Ereignis, so wie in diesem Fall, oft in eine gewisse Ferne wegschieben können. Der Tod ist am Ende unvermeidlich; doch könnte die Menschheit sich nicht erhalten, wenn die Natur uns nicht mit einer Abneigung dagegen versehen hätte.

* *Naturalis historia*, Buch VII, Kap. 55.

Alle Lehren, die durch unsere Affekte begünstigt werden, müssen mit größter Vorsicht betrachtet werden. Die Hoffnungen und Befürchtungen, die diese Lehre hervorgebracht haben, sind offensichtlich.

In jeder strittigen Frage stellt es einen ungeheuren Vorteil dar, eine Verneinung der Ausgangsthese zu verteidigen. Liegt die Frage außerhalb des gewöhnlichen Erfahrungsbereichs des Laufs der Natur, so ist dieser Umstand zum großen Teil, wenn nicht in seiner Gänze, entscheidend. Durch welche Argumente oder Analogien könnten wir einen Existenzzustand beweisen, den niemand jemals gesehen hat und der in keiner Weise einem Zustand ähnelt, den man je gesehen hat? Wer will denn irgendeiner angeblichen Philosophie so sehr vertrauen, dass er auf ihr Zeugnis hin eine so erstaunliche Welt als real annimmt? Zu diesem Zweck wäre eine neue Art von Logik erforderlich sowie neue geistige Fähigkeiten, die uns in die Lage versetzen können, diese Logik zu begreifen.

Nichts kann die unendliche Verpflichtung in ein helleres Licht rücken, die die Menschheit der göttlichen Offenbarung gegenüber hat, stellen wir doch fest, dass es kein anderes Medium gibt, durch das wir dieser großen und wichtigen Wahrheit sicher sein können.

Zu dieser Ausgabe

Grundlage der Übersetzung ist

David Hume: Essays Moral, Political, and Literary. Hrsg.
von Eugene F. Miller. Indianapolis 1987,

eine Ausgabe, die alle Druckfassungen und erreichbaren
Handschriften zu Rate gezogen hat.

Die Fußnoten stammen von Hume, Ergänzungen in ecki-
gen Klammern sowie die Anmerkungen (S. 46–49) wurden
für diese Ausgabe angefertigt.

Zitierte Ausschnitte aus anderen Werken wurden behut-
sam an die gültigen Rechtschreibregeln angeglichen.

Der Abdruck der Zeittafel (S. 50–54) erfolgt mit freund-
licher Genehmigung von Frank Brosow.

Anmerkungen

1 beim schönen Geschlecht: bei den Frauen.

2 Im englischen Original wird Marcus Tullius Cicero »Tully«
   genannt.

3 An der von Hume angegebenen Stelle geht es tatsächlich um
   den Schlaf bzw. die Traumdeuter, die Cicero »Philosophen«
   nennt, nicht aber um die Minderwertigkeit des abergläubi-
   schen Menschen: »Zuflucht vor all den Mühen und Plagen,
   meint man, biete der Schlaf. Aber: gerade aus ihm erwachsen
   die meisten Sorgen und Ängste. Diese wären an sich zwar
   von geringerer Auswirkung und ließen sich leichter beiseite-
   schieben, wenn nicht Philosophen die Träume unter ihren
   Schutz genommen hätten – und zwar durchaus nicht etwa
   die verächtlichsten Philosophen [gemeint sind die Stoiker,
   gegen deren Dogmatismus Cicero argumentiert], sondern
   ausnehmend scharfsinnige, solche, die Folgerungen und Wi-
   dersprüche erkennen und deshalb schon fast als rundum
   vollkommen gelten. Wäre Karneades [Karneades von Kyre-
   ne, 214/213–129/128 v. Chr; Leiter der platonischen Akademie, führte die Skepsis als Möglichkeit, alle philosophischen
   Aussagen zu bezweifeln, in die Akademie ein und war entsprechend Gegner der von ihm als dogmatisch verurteilten
   Stoizisten] ihrer Willkür nicht entgegengetreten, so würde
   man heutzutage vielleicht nur gerade sie als ›Philosophen‹
   anerkennen.« (Zit. nach Marcus Tullius Cicero, *Über die
   Wahrsagung / De Divinatione*, lat./dt., hrsg., übers. und erl.
   von Christoph Schäublin, Düsseldorf/Zürich ²2002, S. 273.)

4 Unzen: Gewichtseinheit (z. B. für Gold) in einigen eng-
   lischsprachigen Ländern. Eine Unze entspricht 28,349 g.

5 »Danken wir Gott, dass niemand im Leben festgehalten
   werden kann« (zit. nach Seneca, *Epistulae morales ad Luci-
   lium / Briefe an Lucilius über Ethik*, Teil 1, übers. von Heinz

Guntermann, Franz Loretto und Rainer Rauthe, hrsg., komm. und mit einem Nachw. vers. von Marion Giebel, 12. Brief, Stuttgart 2014 [u. ö.], S. 69–75, hier S. 75).

6 Hume stellt hier verkürzt dar: Bei einer Abstimmung, ob Flussläufe verändert werden sollten, hatten einige Römer die religiösen Einrichtungen der Bundesgenossen ins Feld geführt, die möglicherweise verletzt werden könnten. Von einem quasi flächendeckenden Aberglauben aller Römer kann also aufgrund dieser Stelle nicht ausgegangen werden: »Am besten habe immer noch für das menschliche Wohl die Natur Vorsorge getroffen, die den Flüssen ihre Mündungen, ihren Lauf und wie ihren Ursprung so auch ihr Ende gegeben habe. Auch müsse man die religiösen Gebräuche der Bundesgenossen berücksichtigen, die Opferdienst, Haine und Altäre den heimischen Flüssen geweiht hätten. [...] Mögen nun die Bitten der Kolonien oder die Schwierigkeiten des Unternehmens oder auch religiöse Rücksichten ins Gewicht gefallen sein, man pflichtete bei der Abstimmung dem Cn. [Konsul] Piso bei, der beantragt hatte, nichts zu ändern.« (Zit. nach Tacitus, *Annalen*, übers. und mit Anm. vers. von Walter Sontheimer, mit einem Nachw. von Kai Brodersen, Stuttgart 1964 [u. ö.], Buch 1, Kap. 79, S. 73.)

7 Gemeint ist Filippo Strozzi, genannt »il Giovane« (der Jüngere), eigentlich Giovan Battista Strozzi (1489–1538), erfolgreicher Anführer 1527 im Aufstand gegen die Medici in Florenz, der aber von Cosimo I. de' Medici später bekriegt, besiegt, eingesperrt und gefoltert wurde und sich am Ende selbst tötete.

8 Substanz: hier im Wortsinne: das, das etwas zugrunde liegt, aus dem etwas besteht.

9 Metaphysik: hier: die Lehre von den nichtwahrnehmbaren, jenseitigen Dingen.

10 *a priori*: allein dem Verstand bzw. der Vernunft entstammend, ohne Erfahrungsanteil.

11 Geometer: Experte im Vermessungswesen (dt. auch Geodät).

12 Elysium: gemeint ist die laut der griechischen Mythologie im äußersten Westen des Erdkreises gelegene Insel, auf deren Gefilde jene Helden kommen, die von den Göttern geliebt und/oder mit Unsterblichkeit belohnt wurden.

13 »Manche schnappte sich der Gegner [die Marden], auch das Pferd des Königs, Bukephalas [»Ochsenkopf«, vermutlich wegen dessen gewaltigen Schädels, wegen einer Blesse oder auch der Form des Brandzeichens] mit Namen, das Alexander mehr bedeutete als alle übrigen Tiere. [...] Rasend vor Wut und Schmerz, die jedes ziemliche [angemessene] Maß überstiegen, befahl er, eine Suchaktion nach seinem Ross zu starten; außerdem solle ein Dolmetscher den Marden zu verstehen geben, entweder er bekomme es zurück oder es werde keine Überlebenden geben. Eingeschüchtert durch diese Androhung, brachten die ihm das Pferd nebst weiteren Geschenken.« (Zit. nach Quintus Curtius Rufus, *Historiae Alexandri Magni / Geschichte Alexanders des Großen*, lat./dt., übers. von Felicitas Olef-Krafft, hrsg., komm. und mit einem Nachw. von Felicitas Olef-Krafft und Peter Krafft, Stuttgart 2014, Buch VI, Kap. V,17, S. 353.)

14 »Recht sprach er aber nicht nur mit allergrößter Sorgfalt, sondern auch mit großer Milde; einen Angeklagten, der eines offensichtlichen Vatermordes bezichtigt wurde, soll Augustus, um ihm die Vermeidung der Todesstrafe durch Ertränken im Sack zu ermöglichen, die nur bei einem Geständnis verhängt wurde, die Frage gestellt haben: ›Gewiss hast du deinen Vater nicht ermordet?‹« (Zit. nach Sueton, *Augustus*, lat./dt., übers. und hrsg. von Dietmar Schmitz, Stuttgart 1988, Buch 33,2, S. 57.)

15 sympathetisch: eine geheimnisvolle, nicht erklärbare Wirkung auslösend, hier: ist das eine krank, wird auch das andere krank; vgl. auch Sympathie- oder Analogiezauber, der davon ausgeht, dass eine enge Verbindung zwischen den Gegenständen besteht und sie sich gegenseitig beeinflussen.

16 Metempsychose: Seelenwanderung, Übergang der Seele nach dem Tode aus einem menschlichen entweder in einen tierischen oder in einen anderen menschlichen Körper.

17 Agamemnon: sagenhafter griechischer Feldherr vor Troja. (Die folgende Aufzählung umfasst bewusst möglichst unterschiedliche Charaktere: positiv und negativ gesehene mythische sowie reale historische Personen).

18 Thersites: hässlicher, schmähsüchtiger, von den homerischen Helden deshalb gemiedener Demagoge im griechischen Heer vor Troja.

19 Hannibal: Hannibal Barkas, um 247 – 183 v. Chr., karthagischer Feldherr, der ein Weltreich eroberte und das Römische Reich beinahe besiegt hätte.

20 Nero: Nero Claudius Caesar Augustus Germanicus (37–68 n. Chr.), dem (fälschlich) der Brand Roms angelastet worden war, der aber viele andere Verbrechen begangen hatte (u. a. Brudermord). Nero brachte sich um, als er – vom Senat als »Feind des Volkes« ausgerufen – keine Verbündeten bzw. buchstäblich keinen Unterschlupf mehr fand.

21 Italien, Skythien, Baktrien oder Guinea: verschiedenste, weit auseinanderliegende Länder und Landschaften.

22 Offenbarung: hier: Glaube.

23 »Wie viel leichter und sicherer ist es doch, nur sich selbst zu glauben, sich den Zustand vor unserer Geburt vorzustellen und danach auf die Ruhe nach dem Tode zu schließen!« (Zit. nach Plinius der Ältere, *Naturalis historia / Naturgeschichte*, lat./dt., ausgew., übers. und hrsg. von Marion Giebel, Stuttgart 2005, 7. Buch, S. 49.)

Zeittafel

1711   Am 26. April (nach gregorianischem Kalender am 7. Mai) wird David Home als jüngstes von drei Kindern in Edinburgh geboren. Sein Vater Joseph Home of Ninewells ist Anwalt in Edinburgh. Seine Mutter Katherine, eine geborene Falconer, ist die Stiefschwester seines Vaters. Die Familie wohnt zeitweise in Edinburgh, zeitweise in Ninewells.

1713   Tod des Vaters. Das Gut der Familie in Ninewells und den Adelstitel erbt Davids älterer Bruder John. David und seine Geschwister werden von ihrer tiefreligiösen Mutter und unter dem Einfluss ihres Onkels George, des örtlichen Gemeindepfarrers, calvinistisch erzogen.

1723–29   David besucht Vorlesungen an der Universität Edinburgh, wo er sich mit alten Sprachen, Philosophie und Literatur beschäftigt. 1726 nimmt er auf Wunsch der Familie das Studium der Rechte auf. Beginn der Freundschaft mit Henry Home (Lord Kames). David gibt zu dieser Zeit das Christentum auf und bricht sein Studium 1729 ohne Abschluss ab, um sich nur noch der Philosophie zu widmen.

1729–34   Mehrere Phasen schwerer Depression, die David auf eine falsche (stoische) Art des Philosophierens zurückführt. Er wendet sich der empirischen Erforschung des Menschen zu.

1734   David arbeitet für kurze Zeit als Schreiber für einen Kaufmann in Bristol, gerät mit diesem jedoch in Streit, da er wiederholt Stil und Rechtschreibung seines Arbeitgebers verbessert. Er ändert die Schreibweise seines Namens in »Hume«, damit die Engländer ihn korrekt aussprechen.

1734–37 Aufenthalt in Paris, Reims und La Flèche. Nahe des Jesuitenkollegs, an dem René Descartes erzogen wurde, arbeitet Hume an seinem *Traktat*.

1737–39 Hume überwacht in London die Drucklegung der ersten beiden Bücher des *Treatise of Human Nature*, die 1739 anonym erscheinen. Im ersten thematisiert Hume den Verstand, im zweiten die Affekte. Der erhoffte Erfolg bleibt jedoch aus.

1739 Rückkehr nach Schottland. Begegnung mit Francis Hutcheson. In den folgenden Jahren pflegt Hume Kontakte zu den wichtigsten Vertretern der schottischen Aufklärung.

1740 Hume überwacht die Drucklegung des dritten Buchs seines *Traktats* in London, das seine Moraltheorie enthält. Es erscheint noch im selben Jahr, ebenso wie der *Abstract of a Book Lately Published* ..., ein kurzer Abriss des ersten Buches des *Traktats*, durch den Hume vergeblich auf sein unbeachtet gebliebenes Werk aufmerksam zu machen hofft.

1741 Der erste Band seiner *Essays, Moral and Political* erscheint. Die Essays beinhalten Aufsätze zu verschiedenen Themen. Der zweite Band erscheint im folgenden Jahr. In späteren Ausgaben wurden manche Essays entfernt, andere kamen hinzu.

1745 Tod der Mutter. Humes Bewerbung um einen philosophischen Lehrstuhl in Edinburgh scheitert, u. a. aufgrund von Atheismusvorwürfen. Auch Humes *Letter from a Gentleman to his Friend in Edinburgh*, den Henry Home ohne Ermächtigung veröffentlicht, kann dies nicht verhindern.

1745–46 Hume wird Tutor des geistesgestörten Marquis of Annandale in St. Albans bei London.

1746 Teilnahme an einer militärischen Expedition nach Frankreich als Sekretär von General Sinclair.

1747 Rückkehr nach Schottland.

1748 Reise an die Höfe von Wien und Turin als Begleiter Sinclairs, bei der Hume auch mehrere deutsche Städte besucht. Mit der *Enquiry Concerning Human Understanding* (bis 1758 noch *Philosophical Essays Concerning Human Understanding*; auch als erste *Untersuchung* bekannt) erscheint eine teils erweiterte, teils gekürzte Neufassung des ersten Buches des *Traktats*. Im selben Jahr werden auch *Three Essays* veröffentlicht (*Of the Original Contract, Of Passive Obedience, Of National Characters*).

1749 In Schottland lernt Hume Adam Smith kennen.

1751 Die *Enquiry Concerning the Principles of Morals* (zweite *Untersuchung*) erscheint, eine komplett überarbeitete Neufassung des dritten Buches des *Traktats*. In Edinburgh wird Hume Sekretär der Philosophischen Gesellschaft.

1752 Die *Political Discourses* erscheinen, eine Sammlung von Aufsätzen zu Politik und politischer Ökonomie. Die Bewerbung um einen philosophischen Lehrstuhl in Glasgow bleibt erfolglos.

Hume wird Bibliothekar am Juristenkolleg in Edinburgh.

1754 Der erste Band der *History of England* erscheint; weitere Bände folgen 1757, 1759 und 1761. Obwohl Humes Geschichtsdarstellung aufgrund seiner Unparteilichkeit zunächst von allen Seiten kritisiert wird, wird Hume durch dieses Werk zum bestbezahlten Autor Großbritanniens und erlangt finanzielle Unabhängigkeit.

1755–56 Versuche der Kirche Schottlands, Hume exkommunizieren zu lassen, scheitern.

1757 Die *Four Dissertations* erscheinen (*The Natural History of Religion*, *Of the Standard of Taste*, *Of Tragedy* und *Of the Passions*, eine gekürzte Neufassung des zweiten Buchs des *Traktats*). Hume gibt die Stelle als Bibliothekar auf, u. a. wegen Streitigkeiten über von ihm bestellte Bücher. Sein Gehalt hatte er bereits seit längerer Zeit einem blinden Dichter gespendet.

1758 Treffen mit Edmund Burke und Benjamin Franklin.

1761 Humes sämtliche Schriften werden vom Vatikan auf den Index Librorum Prohibitorum (lat. ›Index verbotener Bücher‹) gesetzt.

1763–65 Hume wird Sekretär des englischen Botschafters Graf Hertford in Paris; für vier Monate ist er alleiniger Geschäftsträger der englischen Botschaft. Als Autor und Philosoph gefeiert, freundet sich Hume mit zahlreichen Vertretern der französischen Aufklärung an und entwickelt eine enge Beziehung zu Mme. Boufflers.

Zu Autor und Texten

David Hume (1711–1776) gilt als der wichtigste und einflussreichste Philosoph englischer Sprache (und den Briten als der wichtigste Philosoph überhaupt). Doch lange Zeit war er vor allem als Historiker und Geschichtsschreiber bekannt: Seine sechsbändige *History of Great Britain* (1754–1762) war geradezu ein Bestseller und machte ihn finanziell unabhängig.

In seinem gewaltigen philosophischen Werk behandelt Hume Kernthemen der Philosophie wie Kausalität und Induktion, die Möglichkeit eines freien Willens und das Problem personaler Identität (eine Person als isolierte, festumgrenzte Person, so Hume, könne es gar nicht geben, sondern nur ein Bündel von Sinneswahrnehmungen).

Berühmt ist Immanuel Kants (1724–1804) Ausspruch, die Erinnerung an Hume sei es gewesen, »was mir vor vielen Jahren zuerst den dogmatischen Schlummer unterbrach und meinen Untersuchungen im Felde der spekulativen Philosophie eine ganz andere Richtung gab«.* Dabei sah er Hume auch entschieden kritisch, denn der habe »subtil und doch zugleich so anlockend«** geschrieben – für Kant ein Beweis für fehlende Wissenschaftlichkeit und Ernsthaftigkeit.

Und obwohl gerade diese Lockerheit und Risikobereitschaft das Hume'sche Denken so faszinierend und spannend machen, gefiel das nicht allen und setzte ihn auch

---

* vgl. Immanuel Kant, *Prolegomena zu einer jeden künftigen Metaphysik, die als Wissenschaft wird auftreten können* [1783], in: *Kant's Gesammelte Schriften,* hrsg. von der Königlich Preußischen Akademie der Wissenschaften. Bd. VI, Berlin 1911, S. 253–384, hier S. 260.

** ebd, S. 262.

zeitlebens starker Kritik aus (sein Gesamtwerk wurde von der katholischen Kirche bereits 1761 auf den Index gesetzt): Die in diesem Band in neuer Übersetzung abgedruckten Essays *Of Suicide* und *Of the Immortality of the Soul* etwa wurden zu seinen Lebzeiten gar nicht in englischer Sprache gedruckt: zu provokant war seine Herangehensweise. Beide Texte wurden entsprechend 1757 in letzter Minute aus den geplanten *Five Dissertations* (einer Sammlung, in der die Essays bereits ihren festen Platz gefunden hatten) herausgenommen und durch einen anderen Essay ersetzt – der Band hieß von nun an *Four Dissertations*.

Gerade die Form des Essays kommt Humes Denken entgegen: Versteht man unter einem Essay eine »nichtfiktionale Prosaform, in der ein Autor seine subjektiven Erfahrungen und seine Reflexionen über ein kulturelles Thema in einer verständlichen Bildungssprache mitteilt«*, und bezieht man die französische Grundbedeutung von *essai* als ›Versuch‹ oder ›Kostprobe‹ mit ein, so wird schnell klar, woher Kants Skepsis rührt: Genau dieses subjektive, lebendige, funkenschlagende Moment musste den Deutschen zutiefst befremden.

Über den Freitod

Humes Formulierung der Ausgangsfrage ist geschickt angelegt, legt sie doch den Mitdiskutierenden auf drei – und eben nur drei – Möglichkeiten fest (S. 10):

---

* Volker Meid, *Sachwörterbuch zur deutschen Literatur*, Stuttgart 1999, S. 155.

Wenn der Freitod ein Verbrechen ist, dann muss er eine Pflichtverletzung sein, entweder [1.] gegenüber Gott, [2.] unserem Nächsten oder [3.] uns selbst.

Diese Möglichkeiten geht er konsequent einzeln durch, zuerst die »Pflichtverletzung gegenüber Gott« (S. 14):

Sollen wir behaupten, der Allmächtige habe sich selbst auf besondere Weise das Recht vorbehalten, über das Leben der Menschen zu verfügen, und dieses Ereignis nicht genau wie alle anderen den allgemeinen Gesetzen unterstellt, durch die das Universum gelenkt wird?

Das sei, so Hume weiter, »offensichtlich falsch«. Über ein Analogieargument (das Leben eines Menschen habe für das Universum »keine größere Bedeutung als das einer Auster«; S. 15) lehnt er eine entsprechende Sonderstellung des Menschen ab. Sollte es nämlich eine solche Sonderstellung geben, würde das »einen Eingriff in sein [Gottes] Recht« bedeuten, denn (S. 16)

wenn die Menschen über ihr eigenes Leben verfügen, so würde es gleichermaßen verbrecherisch sein, für den Erhalt des Lebens wie auch für die Zerstörung desselben zu handeln.

Geschickt wendet Hume in der Folge die Behauptung, jeder Suizident wende sich gegen Gott, gegen eben denjenigen, der eine solche Behauptung vertritt: Sollte das nämlich stimmen, würde man von einem schwachen Gott ausgehen (S. 18, 21):

Stürze ich mich also in mein eigenes Schwert, so empfange ich meinen Tod ebenso aus den Händen der Gottheit, als wenn der Tod von einem Löwen, einem Abgrund oder einem Fieber herrührte.

Es ist [jedoch] eine Art von Gotteslästerung sich einzubilden, irgendein erschaffenes Wesen könne die Ordnung der Welt stören oder in den Wirkungsbereich der Vorsehung eindringen. Das würde voraussetzen, dass dieses Wesen Kräfte und Fähigkeiten besäße, die es nicht von seinem Schöpfer erhalten hat und die nicht dessen Herrschaft und Autorität unterworfen sind.

In der Folge reißt Hume quasi im Vorbeigehen weitere Probleme im Zusammenhang mit dem Suizid an, etwa die Frage nach der gesellschaftlichen Verpflichtung des Einzelnen und dem Eigeninteresse des Suizidenten an der Beendigung seines Lebens (S. 24):

Dass der Freitod oft mit dem Interesse und mit der Pflicht *uns selbst* gegenüber vereinbar ist, kann niemand in Frage stellen, der einräumt, dass Alter, Krankheit oder Unglück das Leben zu einer Last werden lassen und es dadurch deutlich schlimmer als seine Auslöschung machen. Ich glaube, dass niemand je sein Leben weggeworfen hat, solange es noch erhaltenswert war.

Die heute für uns drängendsten Probleme wie eben »Alter, Krankheit oder Unglück« werden also erst nach der Diskussion der von Hume formulierten grundsätzlichen Fragen vorgebracht bzw. letztlich nur angedeutet.

Einige seiner Thesen würde man heute auch anders bewerten: Die entschiedenen Verletzungen, die ein Suizid der unmittelbaren Umwelt zufügt, sind Thema zahlreicher Abhandlungen und Bücher (vgl. etwa Stülpnagel 2013). Auch das Problem, inwieweit beim Suizid dem Suizidenten durch Dritte geholfen werden kann, darf und soll (zu Sterbebegleitung, Sterbehilfe vgl. Hilpert u. a. 2015), oder die Frage der technischen Möglichkeiten, Suizid zu begehen,* spricht Hume nicht an, ähnlich wie den geschichtlichen Hintergrund bzw. die Frage, wer wann wie und warum über Suizid nachgedacht hat (von Ehrentod über Euthanasie bis hin zu rituellem Selbstmord, vgl. hierzu etwa Sörries 2015), ganz zu schweigen von der Pathologie bzw. dem möglichen Anteil von psychischen Leiden bei der Entscheidung, sich umzubringen.

Oder anders ausgedrückt: Die Unterkapitel in Hilperts hilfreichem Aufsatz über »Schlüsselbegriffe und Argumentationsfiguren in der aktuellen Debatte um Sterbehilfe« – nämlich »Autonomie und Selbstbestimmung«, »Freiverantwortlichkeit und Achtung der Würde«, »Beihilfe und Assistenz«, »Suizid und ›Zwang zum Leben‹«, »Schiefe Bahn und Dammbruch« (sollte man der Zulassung von einzelnen Fällen von Suizid etwa bei unerträglichen Schmerzen zustimmen, da die scharfe Ablehnung des Suizids schnell aufgeweicht werden könnte?) sowie »Einzelfall und allgemeine Rechtsregelung« – werden von Hume ausgeblendet.

In eine völlig andere Richtung weisen auch Thomas Machos Überlegungen zur »Umwertung des Suizids in der

---

* vgl. Guillon und Le Bonniec, *Gebrauchsanleitung zum Selbstmord* von 1982, das inzwischen nur noch in der französischen Originalausgabe antiquarisch erhältlich ist.

Moderne«: Die »Entheroisierung und Entkriminalisierung« des Suizids gehe eng mit einer »Pathologisierung« sowie mit einem allgemeinen »Säkularisierungsprozess« einher und habe sich quasi zu einer »Selbsttechnik« im Foucault'schen Sinne entwickelt – auch im Licht der Berichterstattung in den Massenmedien. Heute gehe es auch nicht mehr nur um den Suizid des Einzelnen, denn wir »leben in einer suizidfaszinierten Welt, die gar nicht selten davon träumt, dem eigenen Untergang zuschauen zu können«.*

Dennoch (oder vielleicht gerade aus diesem Grund) ist Humes Essay so beeindruckend: Dem uralten Vorwurf, dass der Suizident als Fahnenflüchtiger vor der Gesellschaft und als Frevler am Willen Gottes und der Schöpfung zu verdammen ist, entzieht er radikal den Boden. Nach der Lektüre kann man deshalb mit geschärften Sinnen neu über das Problem nachzudenken beginnen, denn, wie Hume selbst unmittelbar zu Beginn seines Essays meint: Ein großer Vorteil der Philosophie bestehe »in dem unübertrefflichen Gegengift, das sie gegen Aberglaube und falsche Religion an die Hand zu geben vermag« (S. 7).

Über die Unsterblichkeit der Seele

Ähnlich unvoreingenommen nimmt sich Hume im zweiten Essay eines mindestens so heiklen Themas an: Kann es eine unsterbliche Seele geben? Hier geht er vom durchaus üblichen Verständnis der Seele als Substanz aus (S. 29):

---

* Macho 2017, S. 445–449, vgl. auch Anders 1961, S. 255 f. und passim.

Aber gerade die Metaphysik lehrt uns, dass die Vorstellung von der Substanz gänzlich verworren und unvollkommen ist und dass wir keine andere Vorstellung von irgendeiner Substanz haben als die einer Anhäufung einzelner Qualitäten, die einem Unbekannten innewohnen. Deshalb sind die Materie und der Geist im Grunde gleichermaßen unbekannt, und wir können nicht bestimmen, welche Qualitäten dem einen oder dem anderen innewohnen.

In diesem kurzen Zitat scheint die ganze Problematik deutlich auf: Über die Seele können wir eigentlich gar nicht nachdenken, sondern uns nur in Mythen und Metaphern dem Begriff annähern, wie etwa Di Franco in ihrem Standardwerk *Die Seele* (2009) überzeugend ausführt.

Seinen Essay gliedert Hume in drei Teile, denn die Argumente für die Existenz der Seele würden normalerweise »entweder von *metaphysischen* oder von *moralischen* oder von *physischen* Begriffsfeldern abgeleitet« (S. 29; leicht kann der Leser am Text selbst nachverfolgen, wie Hume diese drei Bereiche einzeln durchdiskutiert). Und auch hier blendet er jeden Bezug auf andere Diskussionen um die Seele aus.*

Dabei scheut er sich nicht, radikale Angriffe gegen jede Form von Jenseits- und Höllenstrafengläubigkeit zu formulieren: Eine Einteilung in Gut und Böse sei lächerlich.

---

* etwa den Bezug auf antike und scholastische Diskussionen (vgl. Hahmann 2016) oder christliche Vorstellungen. Zum Phänomen allgemein vgl. Di Franco 2009, außerdem Jüttemann u. a. 1991, die Einzelbeiträge in Figl und Klein 2002/2005 sowie in Bilstein und Winzen 2004.

Entsprechend unseren heutigen Vorstellungen sollte Strafe nämlich in einem halbwegs realistischen Verhältnis zu den Vergehen stehen. Doch warum »dann ewige Strafe für die zeitlichen Vergehen eines so gebrechlichen Geschöpfes, wie der Mensch es ist?« Außerdem: »Himmel und Hölle gehen von zwei deutlich voneinander unterschiedenen Gruppen von Menschen aus, nämlich von den guten und den bösen«, jedoch treibe der »größte Teil der Menschheit [...] zwischen Laster und Tugend hin und her« (S. 35 f.). Wiederum nimmt Hume wie schon im Falle des Suizids die Befürworter eines bestimmten Weltbildes ernst, indem er sie befragt – und deren Sichtweise dann als letztlich unbegründet, ja: als absurd entlarvt.

Sein Essay gipfelt in einem der eindrücklichsten Sätze in der Geschichte der Philosophie, der viele einflussreiche Jenseitsvorstellungen und Ansichten über unser Leben nach dem Tode einfach beiseitewischt (S. 38):

> Die Verdammnis eines einzigen Menschen ist ein unendlich größeres Übel in der Welt als der Sturz von tausend Millionen Königreichen.

Literaturhinweise

Zu Hume

Brosow, Frank: Hume. Stuttgart 2011.

Kulenkampff, Jens: David Hume. München 2003.

Streminger, Gerhard: David Hume. Der Philosoph und sein Zeitalter. Eine Biographie. München ²2017.

Über den Freitod

Alvarez, Alfred: Der grausame Gott. Eine Studie über den Selbstmord. Übers. von Maria Dessauer und Geno Hartlaub. Hamburg 1974.

Améry, Jean: Hand an sich legen. Diskurs über den Freitod. Stuttgart ¹⁶2017.

Anders, Günther: Die Antiquiertheit des Menschen. 2 Bde. München 1961.

Durkheim, Emile: Der Selbstmord. Übers. von Sebastian und Hanne Herkommer. Frankfurt a. M. 1983. [Erstveröffentlichung 1897.]

Hilpert, Konrad / Sautermeister, Jochen (Hrsg.): Selbstbestimmung auch im Sterben? Streit um den assistierten Suizid. Freiburg [u. a.] 2015.

Macho, Thomas: Das Leben nehmen. Suizid in der Moderne. Berlin 2017.

Seneca: Der gute Tod. Ausgew. und übers. von Gerd König. Stuttgart 2017. [Reclams Universal-Bibliothek. 19460.]

Sörries, Reiner: Vom guten Tod. Die aktuelle Debatte und ihre kulturgeschichtlichen Hintergründe. Kevelaer 2015.

Stülpnagel, Freya von: Warum nur? Trost und Hilfe für Suizid-Hinterbliebene. München 2013.

Wedler, Hans-L.: Suizid kontrovers. Wahrnehmungen in Medizin und Gesellschaft. Stuttgart 2017.

Willemsen, Roger: Der Selbstmord in Berichten, Briefen, Manifesten, Dokumenten und literarischen Texten. Köln 1986.

Über die Seele

Aristoteles: Über die Seele. Gr./Dt. Übers. und hrsg. von Gernot Krapinger. Stuttgart 2011. [Reclams Universal-Bibliothek. 18602.]

Bilstein, Johannes / Winzen, Matthias (Hrsg.): Seele. Konstruktionen des Innerlichen in der Kunst. Nürnberg 2004.

Di Franco, Manuela: Die Seele. Begriffe, Bilder und Mythen. Stuttgart 2009. [Reclams Universal-Bibliothek. 18666.]

Figl, Johann / Klein, Hans-Dieter (Hrsg.): Der Begriff der Seele.
Bd. 1: Der Begriff der Seele in der Religionswissenschaft. Würzburg 2002.
Bd. 2: Der Begriff der Seele in der Philosophiegeschichte. Würzburg 2005.

Hahmann, Andree: Aristoteles' »Über die Seele«. Ein systematischer Kommentar. Stuttgart 2016. [Reclams Universal-Bibliothek. 19390.]

Hasenfratz, Hans-Peter: Die Seele. Einführung in ein religiöses Grundphänomen. Zürich 1986.

Holzhey, H.: Der Begriff »Seele«, Neuzeit. In: Historisches Wörterbuch der Philosophie. Hrsg. von Joachim Ritter. Bd. 9. Darmstadt 1995, S. 26–52.

Jüttemann, Gerd [u. a.] (Hrsg.): Die Seele. Ihre Geschichte im Abendland. Weinheim 1991.